AF268305

ASSOCIATION RÉPUBLICAINE

DU CANTON

DE

DOMMARTIN-SUR-YÈVRE

STATUTS

SAINTE-MÉNEHOULD

IMPRIMERIE GEORGES DUVAL

1893

ASSOCIATION RÉPUBLICAINE

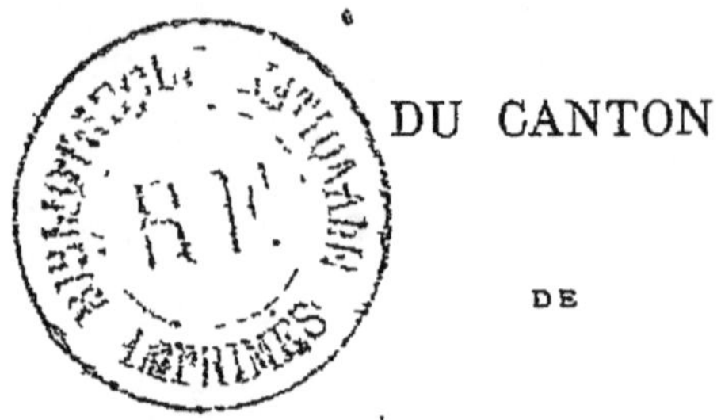

DU CANTON

DE

DOMMARTIN-SUR-YÈVRE

STATUTS

SAINTE-MÉNEHOULD

IMPRIMERIE GEORGES DUVAL

—

1893

Association Républicaine

DU CANTON

DE

DOMMARTIN-SUR-YÈVRE

STATUTS

Formation de la Société — Son But
Conditions d'Admission

ARTICLE PREMIER

Il est formé, dans le canton de Dommartin-sur-Yèvre, une Société qui prendra pour titre : *Association Républicaine du Canton de Dommartin-sur-Yèvre.*

Le but de cette Association est de travailler, par tous les moyens à la disposition de ses membres, à propager l'idée républicaine dans le canton, et à venir en aide aux républicains chaque fois que cela sera nécessaire.

Article II

Tous les républicains du canton qui adhéreront aux présents statuts, peuvent faire partie de l'Association, sous la réserve qu'ils seront électeurs, présentés par deux membres et admis par le bureau local de leur résidence.

Les prérogatives des nouveaux associés dateront seulement de l'instant de leur admission par la Commission administrative.

Conseil d'administration — Bureaux locaux

Article III

L'Association est représentée et dirigée par une *Commission administrative*, dont la nomination aura lieu après convocation des membres adherents à une réunion générale.

Article IV

Cette *Commission administrative* sera composée de douze membres, nommés au scrutin de liste et à la majorité absolue des membres présents et votants.

Seront, en outre, de plein droit, membres de ladite Commission :

1º Le Conseiller général, et les Conseillers d'arrondissement républicains du canton ou anciens Conseillers ;

2º Les citoyens qui auront posé leur candidature républicaine soit au Conseil général, soit au Conseil d'arrondissement ;

3º Tous anciens présidents de l'Association.

Ces membres auront voix délibérative dans toutes les assemblées et seront éligibles aux fonctions indiquées en l'article suivant.

Article V

La Commission administrative nomme, parmi ses membres, un Président, deux Vice-Présidents, un Secrétaire et un Trésorier qui, dans les assemblées, forment le bureau de l'association.

Article VI

Les douze membres élus de la commission administrative sont renouvelables par tiers à chaque assemblée générale.

Les membres sortants sont rééligibles.

Aussitôt la constitution de la commission administrative et du bureau, il sera tiré au

sort les noms des membres dont le renouvellement devra se faire à la première
assemblée générale.

Article VII

Les membres composant cette commission formeront la *Commission cantonale.*

Article VIII

En dehors de cette commission, chaque
commune devra avoir un *Bureau local,*
ayant un Président, un Secrétaire et un
Trésorier.

Ce bureau sera nommé par les membres
de l'Association appartenant exclusivement
à la commune, et sera renouvelé tous les
trois ans.

Devoirs et Fonctions du Conseil d'Administration

Article IX

Dans le cas où une nomination quelconque devrait avoir lieu dans le canton, ou
qu'un service serait demandé à l'Association, la *Commission cantonale* fera ce qui
est au pouvoir de ses membres pour arriver
à satisfaire les réclamations qui lui seront
présentées.

Ladite commission ne devra appuyer les demandes présentées qu'après avoir consulté le *Bureau local* sur la valeur et la justice de la demande. Si cette demande ne paraît pas nécessiter la réunion de la Commission, le Président s'entendra avec celui du bureau local pour statuer. Dans le cas contraire, le Président convoquera d'urgence la Commission administrative pour en délibérer.

ARTICLE X

Le bureau de l'Association usera, vis-à-vis de l'administration supérieure, de tous les moyens de persuasion en son pouvoir pour que les nominations qu'il y aurait à faire, soit par suite de vacance ou autrement, ou pour que les services mérités qui seraient réclamés, soient toujours orientés dans le sens de l'idée républicaine.

Il en sera de même à l'égard des sénateurs ou députés républicains, ou tous autres représentants du canton, pour qu'ils veuillent bien, lors des demandes qui peuvent leur être adressées, ne fixer leur opinion qu'après avoir pris l'avis du Président de la Commission cantonale, auprès de qui ils trouveront toujours un concours actif et dévoué.

ARTICLE XI

En dehors du but de propagande républicaine que se propose l'Association, la Commission aura à s'occuper sérieusement de toutes les élections sénatoriales, législatives et autres concernant le canton.

ARTICLE XII

Dans les quinze jours qui suivront une vacance, la commission se réunira pour désigner un ou plusieurs de ses membres, avec mission de se mettre en rapport, si besoin est, suivant le cas, avec les autres Sociétés républicaines de l'arrondissement ou du département, pour examiner les titres des différents candidats qui pourront être proposé pour l'emploi vacant.

Dans tous les cas, et après discussion s'il y a lieu, le candidat sera désigné au vote et à la majorité, et présenté au nom de la commission.

Un procès-verbal de la séance sera transmis à chacun des Présidents locaux, qui réuniront les membres de leur commune à l'effet de donner leur avis par un vote secret sur le choix de la commission.

ARTICLE XIII

Aussitôt les réunions communales effectuées, les renseignements partiels seront centralisés entre les mains du Président et examinés dans une séance prochaine de la Commission, qui statuera définitivement, d'après les résultats, sur le choix du candidat présenté et soutenu par l'Association, et sur les moyens à employer, dans le canton, pour assurer le succès du candidat proposé.

Ressources et Charges de l'Association

ARTICLE XIV

Les ressources de l'association seront constituées :

1º Par des dons manuels volontaires ;

2º Par les cotisations annuelles de ses membres, fixées, savoir :

Pour les membres faisant partie de la commission administrative, à la somme de cinq francs ;

Pour tous autres membres adhérents, à un franc.

La cotisation est due pour l'année entière, quelle que soit la date de l'adhésion.

Le bureau assurera le mode de perception des cotisations.

Article XV

L'Association devra s'inspirer des principes démocratiques et subviendra, dans la mesure de ses ressources, aux frais nécessités par les élections prévues aux articles qui précèdent.

Réunions des Assemblées

Article XVI

La *Commission administrative* se réunit au moins deux fois par an :

1º Au printemps pour fixer le jour de l'assemblée générale et s'occuper des questions à l'ordre du jour ;

2° Dans la seconde quinzaine de décembre, pour entendre le compte-rendu financier du Trésorier et régler les comptes de l'année ;

Enfin 3°, en dehors de ces deux réunions, le Président réunira la commission quand il le jugera nécessaire.

ARTICLE XVII

L'*Assemblée générale* des membres de l'Association aura lieu chaque fois que la Commission le jugera utile, mais au moins une fois par an.

Dans cette assemblée, la commission rendra compte de l'exécution de son mandat et le Trésorier exposera la situation financière.

Les convocations sont faites individuellement, par le Président, au moins huit jours à l'avance.

ARTICLE XVIII

Les membres de l'Association peuvent être convoqués extraordinairement sur l'initiative du bureau ou sur une demande écrite adressée au Président et signée de dix membres.

- Tout membre qui voudra faire une proposition ou entretenir l'Assemblée d'une question non inscrite à l'ordre du jour, devra en prévenir le Président cinq jours à l'avance.

ARTICLE XIX

La Commission ou le bureau pourra organiser, dans telle commune du canton où cela paraîtra utile, des conférences publiques ou privées et organiser la propagande républicaine par des distributions de journaux, de brochures, de livres, etc.

Dispositions Générales

ARTICLE XX

Aucun républicain ne devra se servir de l'autorité de l'Association et de ses représentants, pour soutenir les réclamations d'un citoyen appartenant à un autre canton.

Exclusions & Radiations

ARTICLE XXI

Tout membre qui, pendant deux ans, n'aura pas acquitté le montant de sa cotisation, sera réputé démissionnaire.

Article XXII

Tout membre de l'Association pourra être exclu :

1º Par la perte de l'une des qualités requises pour l'admission ;

2º Pour infraction manifeste au programme des statuts.

Cette exclusion sera prononcée par la commission administrative, sur la demande du bureau local.

Dissolution

Article XXIII

L'assemblée générale peut prononcer la dissolution de l'Association, dans une réunion comprenant la majorité des membres de la Société.

En cas de dissolution, les fonds en caisse seront versés aux Sociétés similaires de l'arrondissement ou du département, ou employés, par les soins du bureau alors en fonctions, en œuvres de bienfaisance dans le canton.

Modifications aux Statuts

Article XXIV

Sur la proposition de la majorité des membres de la Commission administrative, il peut y avoir lieu de prendre en considération certaines modifications aux présents statuts.

Ces modifications seront signalées dans l'ordre du jour et votées en Assemblée générale, à la majorité des membres présents.

Article Additionnel

Les cas fortuits qui pourraient surgir, et qui ne sont pas prévus au règlement, seront immédiatement jugés par le bureau de l'Association.

COMMISSION ADMINISTRATIVE

Président honoraire : M. HAUMONT.

BUREAU

Président : M. POUILLIOT.

Vice-Présidents : M. CHAUDRON (Arsène).
M. LEFERT.

Secrétaire : M. GAILLEMAIN.

Trésorier : M. THIERION (Ernest),

MEMBRES

MM. BARON-PIERRON.
BEAUCLIN (Jules).
CHAUDRON (Célestin).
DOMMANGET (Alphonse).
DOMMANGET (Arsène).
GODART-TALMA.
JACTAT (Théodose).
JENNEQUIN (Léopold).
MAUCOURANT (Xavier).
MAULVAUX (Cyrille).
NICAISE (Albert).
RENARD, vétérinaire.

BUREAUX LOCAUX

Ante

MM. Hennequin Jules, président.
Jolly Edmond, secrétaire.
Lemaître Théodule, trésorier.

Auve

Portier Ernest, président.
Regnauld Victor, secrétaire.
Martin-Brasson, trésorier.

Belval

Didier Ernest, président.
Didier Arthur, secrétaire.
Thiébault Édmond, trésorier.

Charmontois

Nicolas Emile, président.
Lignot Ambroise, secrétaire.
Joannès Victor, trésorier.

Le Châtelier

François Louis, président.
Champeaux, secrétaire.
Poiret Paul, trésorier.

Le Chemin

MM. Vautrin Jules, président.
Noel Irénée, secrétaire.
Bisteur Jules, trésorier.

Contault

Goyaux Anatole, président.
Cadas Charles, secrétaire.
Cossus Anatole, trésorier.

Dampierre-le-Château

Linard, président.
Maillard-Michel, secrétaire.
Janin Charles, trésorier.

Dommartin-sur-Yèvre

Didon Louis-Henri, président.
Janin Ernest, secrétaire.
Didon Cyrille, trésorier.

Eclaires

Beauclin Jules, président.
Bailly Louis, secrétaire.
Hallet Léon, trésorier.

Epense

Rogez Hippolyte, président.
Caquot Célestin, secrétaire.
Caquot-Oudit, trésorier.

Givry-en-Argonne

MM. Baron-Morin, président.

Ply-Poiret, secrétaire.

Godelle père, trésorier.

Herpont

Godart Eugène, président.

Brémont-Parmentier, secrétaire.

Boudaille Gustave, trésorier.

La Neuville-aux-Bois

Gallois Émile-Martin, président.

Blanchin-Collard, secrétaire.

Gérard Eugène, trésorier.

Noirlieu

Picart Nicolas-François, président.

Ramlot Camille, secrétaire.

Pigny Arsène, trésorier.

Rapsécourt

Dubois Adolphe, président.

Devaure Louis, secrétaire.

Remy Henri, trésorier.

Remicourt

Lambert Louis, président.

Saint-Mard-sur-Auve

MM. Bassut Hippolyte, président.
Nottret Sylla, secrétaire.
Mosser Emile, trésorier.

Saint-Mard-sur-le-Mont

Evrard Emile, président.
Delaval Amédée, secrétaire.
Fromentin, trésorier.

Saint-Remy

Pariset-Hennequin, président.
Collard Louis, secrétaire.
Bouron Justin, trésorier.

Sivry

Musset Félix, président.
Saunier Hercule, secrétaire.
Gérard Charles, trésorier.

Somme-Yèvre

Thiellement Emile, président.
Picart Gustave, secrétaire.
Wadel Emile, trésorier.

Tilloy

Godart Louis, président.

Varimont

MM. Flamain Henri, président.
Rogez Alexandre, secrétaire.
Parmentier Émile, trésorier.

Le Vieil-Dampierre

Lefèvre Auguste, président.
Boiteux Arsène, secrétaire.
Burgain Ambroise, trésorier.

Ste-Ménehould — Imp G. DUVAL